Dieses Buch gehört

Printed in Poland
by Amazon Fulfillment
Poland Sp. z o.o., Wrocław

24295777R00070